Matthias Fiedler

Konseptet med nyskapande eigedomskopling: Ein enkel måte å formidle eigedomar på

Eigedomskopling: Effektiv, enkel og profesjonell mekling av eigedomar med ein nyskapande koplingssportal for eigedomar

Publiseringsdetaljar –Impressum | Juridisk merknad

1. Utgåve som Print-Book | februar 2017
(Først publisert på tysk, desember 2016)

© 2016 Matthias Fiedler

Matthias Fiedler
Erika-von-Brockdorff-Str. 19
41352 Korschenbroich
Tyskland
www.matthiasfiedler.net

Trykk og produksjon:
Sjå impressum på siste side

Framsidebilde: Matthias Fiedler
Produksjon av E-book: Matthias Fiedler

Med einerett.

ISBN-13 (paperback): 978-3-947184-64-4
ISBN-13 (E-Book mobi): 978-3-947128-46-4
ISBN-13 (E-Book epub): 978-3-947128-47-1

Bibliografisk informasjon frå Deutsche Nationalbibliothek: Deutsche Nationalbibliothek registrerer denne publikasjonen i Deutsche Nationalbibliografie, detaljerte bibliografiske data er tilgjengelege på verdsveven på http://dnb.d-nb.de.

SAMANDRAG

Denne boka forklarer eit revolusjonerande konsept for ein verdsomspennande koplingsportal (app) for eigedomar med ei berekning av det betydelege salspotensialet (milliardar dollar), som er integrert i eit eigedomsmeklingsprogram som òg inkluderer vurdering av eigedomar (billion dollar salspotensiale).

Dette tyder at bustader og næringseigedomar, enten eigaren bur der eller eigedomen er leigd ut, kan meklast på eit effektivt vis utan mykje bruk av tid. Dette er framtida for nyskapande og profesjonell mekling av eigedomar for alle eigedomsmeklarar og dei som har eigedomar. Eigedomskopling verkar i nesten alle land, men òg på tvers av grensene.

I staden for å "bringe "eigedomar til kjøpar eller leigetakar, kan moglege kjøparar og leigetakarar med ein koplingsportal for eigedomar verte kvalifiserte (søkjeprofil) og så setjast saman med og koplast til eigedomane som meklarane tilbyr.

INNHALD

FØREORD

I 2011 kom eg på og utvikla ideen som eg beskriv her, om ein nyskapande koplingsprosess for eigedomar.

Sidan 1998 har eg vore involvert i eigedomshandel (inkludert mekling av eigedomar, kjøp og sal, vurdering, utleige og eigedomsutvikling). Eg er eigedomsmeklar (IHK), eigedomsøkonom (ADI) og sertifisert ekspert i eigedomsvurdering (DEKRA) så vel som medlem av den internasjonalt anerkjende eigedomsforeininga Royal Institution of Chartered Surveyors (MRICS).

Matthias Fiedler
Korschenbroich, 31.10.2016
www.matthiasfiedler.net

1. Konseptet med nyskapande eigedomskopling: Ein enkel måte å formidle eigedomar på

Eigedomskopling: Effektiv, enkel og profesjonell mekling av eigedomar med ein nyskapande koplingssportal for eigedomar

I staden for å "bringe "eigedomar til kjøpar eller leigetakar, kan moglege kjøparar og leigetakarar med ein koplingsportal (app) for eigedomar verte kvalifiserte (søkjeprofil) og så setjast saman med og koplast til eigedomane som meklarane tilbyr.

2. Målsettingar for potensielle kjøparar eller leigetakarar og fasilitetar

Slik eigedomsseljarar og huseigarar ser det, er det viktig å selje eller leige ut sine eigedomar raskt og til høgast mogleg pris.

Slik potensielle kjøparar og leigetakarar ser det, er det viktig å finne den riktige eigedomen som er slik dei vil ha han, og å kunne leige eller kjøpe han så raskt og enkelt som mogleg.

3. Tidlegare tilnærmingar til søk etter eigedomar

Til vanleg bruker potensielle eigedomskjøparar eller leigetakarar store eigedomsportalar for å sjå etter eigedomar i den regionen dei føretrekker. Der kan dei få eigedomar eller ei liste over relevante lenkjer til eigedomane sendt til seg på e-post så snart dei har lagt inn ein kort søkjarprofil. Ofte gjer dei dette på to til tre eigedomsportalar. Seinare vert avhendar vanlegvis kontakta på e-post. Som eit resultat av dette får seljaren eller husverten moglegheit og løyve til å kontakte interessenten.

I tillegg kontaktar potensielle kjøparar eller leigetakarar eigedomsmeklarar i regionen sin direkte og ein søkjeprofil vert laga for dei.

Leverandørane på eigedomsportalane kjem både frå bustads- og næringseigedomssektoren. Kommersielle leverandørar er hovudsakleg eigedomsseljarar og i nokre tilfelle entreprenørselskap, eigedomsmeklarar og andre eigedomsselskap (i denne teksten vert alle kommersielle leverandørar kalla eigedomsmeklarar).

4. Ulempene med private seljarar / fordelane med meklarar

Når eigedomar er til sals, kan ikkje private seljarar alltid garantere eit raskt sal. Om det gjeld ein arva eigedom, til dømes, er det kan hende ikkje semje mellom arvingane eller eit arvesertifikat kan mangle. I tillegg kan uklåre juridiske problem som bustadrett gjere salet komplisert.

Når det gjeld eigedomar til utleige kan det skje at den private husverten ikkje har fått dei offisielle løyva, for eksempel dei som krevst for å leige ut næringseigedom som ein bustad.

Når ein eigedomsmeklar tek rolla som leverandør, har han som regel klargjort aspekta nemnt ovanfor. Alle relevante eigedomsdokument (golvplan, stadsplan, energisertifisering, registrering av skøyte, offisielle dokument, mm.) er òg vanlegvis allereie tilgjengelege. Dermed kan sal eller utleige gjerast raskt og utan komplikasjonar.

5. Eigedomskopling

For å kunne kople interesserte kjøparar eller leigarar med seljarar eller huseigarar så raskt og effektivt som mogleg, er det til vanleg viktig å ha ei systematisk og profesjonell tilnærming. Dette gjerast her med ei tilnærming (eller ein prosess) som er fokusert omvendt på søkje- og finneprosessen mellom eigedomsmeklarar og interessentar. Det tyder at i staden for å "bringe " eigedomar til kjøpar eller leigetakar, kan moglege kjøparar og leigetakarar med ein koplingsportal (app) for eigedomar verte kvalifiserte (søkjeprofil) og så setjast saman med og koplast til eigedomane som meklarane tilbyr.

I det første trinnet set potensielle kjøparar eller leigetakarar opp ein spesifikk søkjeprofil på koplingsportalen for eigedomar. Denne søkjeprofilen har omkring 20 eigenskapar Desse eigenskapane kan takast med (ikkje ei komplett liste) og er viktige for søkjeprofilen.

- Region/postnummer/by
- Type objekt
- Storleiken på eigedomen
- Buområde
- Kjøpspris / leige
- Byggeår
- Etasjar
- Tal på rom
- Utleige (ja/nei)
- Kjellar (ja/nei)
- Balkong/terrasse (ja/nei)
- Oppvarmingsløysingar
- Parkering (ja/nei)

Det er her viktig at eigenskapane ikkje vert lagt inn manuelt, men i standen hentast med å klikke på eller opne dei relevante felta (for eksempel type eigedom) frå ei liste over førehandsbestemte moglegheiter (for type eigedom: leilegheit, einebustad, lagerbygg, kontor, osb.)

Om det er ønske om det, kan interesserte partar sette opp fleire søkjeprofilar. Det er og mogleg å endre søkjeprofilen.

I tillegg legg potensielle kjøparar eller leigetakarar inn komplette kontaktdata i dei spesifiserte felta. Her er etternamn, fornamn, gate, husnummer, postnummer, by, telefonnummer og e-postadressa med.

I denne samanhengen gir interessentane sitt løyve til å verte kontakta og ta imot kopla eigedomar frå eigedomsmeklarane.

Interessentane inngår med dette g ein kontrakt med operatørane av koplingsportalen for eigedomar.

I neste trinn vert søkjeprofilane gjort tilgjengelege for dei tilkopla eigedomsmeklarane, som ikkje er synlege enno, via eit applikasjonsprogrammeringsgrensesnitt (api) – for eksempel som det tyske programmeringsgrensesnittet "openimmo". Det må her nemnast at dette programmeringsgrensesnittet –i grunnen nøkkelen til heile implementeringa –må støtte eller garantere overføring til nesten alle eigedomsprogramløysningar som er i bruk i dag. Om dette ikkje er tilfelle, må det gjerast teknologisk mogleg. Sidan det allereie finst programmeringsgrensesnitt i bruk, slik som det allereie nemnde "openimmo", så vel som andre, må det vere mogleg å overføre søkjeprofilen.

No kan eigedomsmeklarane samanlikne profilen med eigedomane som allereie er på marknaden. For dette formålet vert eigedomane lasta opp til koplingsportalen for eigedomar og samanlikna med og kopla til eigenskapane som er relevante.

Etter at samanlikninga er fullført, skapast ein rapport som viser likskapen i prosent. Om det er meir enn 50 % likskap, vert søkjeprofilen synleg for eigedomsmeklarane si programvare.

Dei enkelte eigenskapane vert vekta mot kvarandre (poengsystem) slik at etter samanlikninga av eigenskapane, kjem det fram ein koplingsprosent (sannsyn for likskap). Til dømes vert eigenskapen "eigedomstype "vekta høgare enn eigenskapen "buområde". I tillegg kan enkelt eigenskapar (til dømes kjellar) veljast som ein eigenskap som eigedomen må ha.

Gjennom samanlikninga av eigenskapane for kopling, må det òg sikrast at eigedomsmeklarane berre har tilgang til regionane som er ønska (bestilt). Dette gjer innsatsen for datasamanlikning mindre. Dette er spesielt viktig med tanke på at eigedomsmeklarar ofte opererer i ein bestemt region. Det må her nemnast at gjennom skyløysingar er det i dag mogleg å lagre og handtere store mengder med data.

For å kunne garantere profesjonell eigedomsmekling, kan berre eigedomsmeklarar få tilgang til søkjeprofilane.

For å oppnå dette inngår eigedomsmeklarane og ein kontrakt med operatørane av koplingsportalen for eigedomar.

Etter den relevante samanlikninga og koplinga, kan eigedomsmeklaren kontakte dei interesserte, og på same vis kan interesserte partar kontakte eigedomsmeklarkontoret. Om eigedomsmeklaren har sendt ein rapport til den potensielle kjøparen eller leigetakaren, tyder det òg at ein aktivitetsrapport eller ein agent sitt krav for eigedomskommisjon er dokumentert om sal eller utleige vert resultatet.

Dette er under føresetnad av at eigedomsmeklaren er hyra av eigaren (seljar eller husvert) av eigedomen for å plassere eigedomen eller dei har fått løyve til å leggje ut eigedomen.

6. Omfanget av programmet

Kopling av eigedomar slik det er beskrive her, gjeld sal og utleige av eigedomar i bustads- og næringseigedomsbransjen. For næringseigedomar vert fleire spesifikke eigedomseigenskapar kravde.

Det kan òg vere ein eigedomsmeklar på sida til dei potensielle kjøparane eller leigetakarane, slik det ofte vert gjort i praksis, til dømes om han arbeider i kommisjon for klientane.

Når det gjeld geografiske regionar, er koplingsportalen for eigedomar relevant i nesten alle land.

7. Fordelar

Denne vurderingsprosessen for eigedomar gir ein stor fordel for potensielle kjøparar og seljarar, enten dei ser i sitt eige område (bustad) eller flyttar til ein annan by eller region av arbeidsrelaterte årsaker.

Dei må berre leggje inn søkjeprofilen sin ein gong for å få informasjon om passande eigedomar frå eigedomsmeklarar som driv i den regionen det gjeld.

For eigedomsmeklarane er dette ein stor fordel i form av effektivitet og spart tid for sal eller utleige.

Dei får med ein gong ei oversikt over kor høgt potensialet er for konkrete interesserte partar når det gjeld kvar eigedom som dei tilbyr.

Eigedomsmeklarane kan òg ta direkte kontakt med den målgruppa som er relevant, som har nokre spesifikke tankar om kva som er ein "drømmebustad "i prosessen med å sette opp søkjeprofilen sin. Kontakten kan til dømes verte etablert ved å sende ut eigedomsrapportar.

Dette aukar kvaliteten på kontakten med dei interesserte partane som veit kva dei ser etter. Det reduserer òg talet på avtalar om eigedomsvisning i etterkant, som så gjer at det vert ein kortare marknadsføringsperiode for eigedomane som skal meklast.

Etter at den potensielle kjøparen eller utleigaren har sett på eigedomen som skal plasserast, kan kjøps- eller leigekontrakten gjerast ferdig, som i tradisjonell marknadsføring av eigedomar.

8. Berekningseksempel (potensiale) –berre eigarbuande bustader og hus (utanom leilegheiter eller hus eller kommersielle eigedomar)

Eksempelet som følgjer vil klårt vise potensialet i koplingsportalen for eigedomar.

I eit geografisk område med 250 000 innbyggjarar så som byen Mönchengladbach (Tyskland) er –statistisk runda av –omkring 125 000 husstandar (2 personar per hushald) I snitt er flytteprosenten omkring 10 % Det tyder at 12 500 hushald byter bustad kvart år. Delen som flytter inn samanlikna med ut av Mönchengladbach er ikkje tatt med her. Omkring 10 000 hushald (80 %) søkjer etter leigebustader og omkring 2 500 hushald (20 %)

I samsvar med eigedomsrapporten frå byen Mönchengladbach sin rådgivande komité, var det 2613 eigedomskjøp i 2012. Dette stadfester dei tidlegare tala med 2 500 potensielle kjøparar. Det kunne faktisk vore fleire, men ikkje alle potensielle kjøparar finn sin ideelle eigedom. Talet på faktisk interesserte potensielle kjøparar – eller, spesifikt, talet på søkjeprofilar –er estimert å vere to gonger så høgt som den gjennomsnittlege flytteprosenten på omkring 10 %, det vil seie 25 000 søkjeprofilar. Dette tek med at det er mogleg at potensielle kjøparar eller leigetakarar har sett opp fleire søkjeprofilar på koplingsportalen for eigedomar.

Det er òg verdt å nemne at basert på erfaring har omkring halvdelen av alle potensielle kjøparar og leigetakarar så langt funne sine fasilitetar ved å arbeide med ein eigedomsmeklar, slik at det i er i alt snakk om 6 250 hushald.

Erfaring frå før viser òg at minst 70 % av alle hushald søkte etter eigedomar på ein eigedomsportal på verdsveven, det blir i alt 8 750 hushald (svarer til 17.500 søkjeprofilar).

Om 30 % av alle potensielle kjøparar og seljarar, som er lik 3 750 hushald (eller 7500 søkjeprofilar) ville sette opp ein søkjeprofil på ein koplingsportal (app) for eigedomar for ein by som Mönchengladbach, kunne tilkopla eigedomsmeklarar by på passande eigenskapar til potensielle kjøparar via 1500 spesifikke søkjeprofilar (20 %) og til potensielle leigetakarar via 6 000 spesifikke søkjeprofilar (80 %).

Dette tyder at med ei søkjetid på 10 månader i snitt, og ein mogleg pris på EUR 50 per månad for kvar søkjeprofil sett opp av potensielle kjøparar eller leigetakarar, er det er eit potensial for sal på EUR 3 750 000 per år med 7500 søkjeprofilar for ein by med 250 000 personar.

Om dette vert utvida til alle i Tyskland med befolkning runda av til 80 000 000 (80 millionar innbyggjarar), resulterer dette i eit salspotensial på EUR 1 200 000 000 (EUR 1,2 milliardar kroner) per år. Om 40 % av alle potensielle kjøparar eller leigetakarar søkjer etter eigedomen sin på koplingsportalen for eigedomar i staden for 30 %, vil salspotensialet auke til EUR 1,600,000,000 (EUR 1,6 milliardar kroner) per år. Salspotensialet gjeld berre leilegheiter og bustader der eigaren sjølv bur. Utleige- og investeringseigedomar i bustadseigedomsbransjen og den totale kommersielle næringseigedomsbransjen er ikkje inkludert i denne kalkulasjonen av potensial.

Med omkring 50 000 selskap i Tyskland som driv som eigedomsmeklarar (inkludert eigedomsbyrå, entreprenørselskap, eigedomshandel og andre eigedomsselskap) og omkring 200 000 tilsette, om ein del på 20 % av disse 50 000 selskapa bruker denne koplingsportalen for eigedomar med 2 lisensar i snitt, er resultatet (med ein mogleg pris EUR 300 per månad per lisens) eit salspotensial EUR 72 000 000 (EUR 72 millionar) per år. I tillegg, om det er implementert ein regional booking av lokale søkjeprofiler, kan det skapast eit stort ekstra salspotensial, avhengig av design.

Med eit enormt potensial til moglege kjøparar og leigetakarar med spesifikke søkjeprofilar, treng ikkje eigedomsmeklarar lenger å oppdatere sin eigen database –om dei har ein –av interesserte. I tillegg vil talet på gjeldande søkjeprofilar svært truleg overgå talet på søkjeprofilar laga av mange eigedomsmeklarar i deira eigne databasar.

Om denne nyskapande koplingsportalen for eigedomar vart brukt i fleire land, kan potensielle kjøparar frå Tyskland for eksempel opprette ein søkjeprofil for ferieleilegheiter på middelhavsøya Mallorca (Spania) og tilkopla eigedomsagentar på Mallorca kunne presentere sine passande leilegheiter til sine potensielle tyske klientar via e-post. Om rapportane er på spansk, kan potensielle leigetakarar i dag berre bruke eit omsetningsprogram frå verdsveven til raskt å omsetje teksten til tysk.

For å kunne ha kopling av søkjeprofilar til moglege eigedomar utan språkbarrierar, kan ei samanlikning av dei respektive eigenskapane gjerast i koplingsportalen for eigedomar på grunn av programmerte (matematiske) eigenskapar, uavhengig av språk, og det relevante språket vert lagt på til slutt.

Når du bruker koplingsportalen for eigedomar på alle kontinent, vert salspotensialet som er nemnd tidlegare (kun for dei som har interesse for å søkje) med ei veldig enkel utrekning som dette.

Global befolkning:

7 500 000 000 (7,5 milliardar) personar

1. Befolkninga i industrialiserte land og i stort sett industrialiserte land:

   2 000 000 000 (2,0 milliardar) personar

2. Befolkninga i framveksande land:

   4 000 000 000 (4,0 milliardar) personar

3. Befolkninga i utviklingsland:

   1 500 000 000 (1,5 milliardar) personar

Det årlege salspotensialet for Tyskland er konvertert og estimert til EUR 1,2 milliardar med 80 millionar innbyggjarar med desse moglege faktorane for industrialiserte, framveksande og utviklingsland.

1. Industrialiserte land: 1,0

2. Framveksande land: 0,4

3. Utviklingsland: 0,1

Resultatet er eit årleg salspotensial (EUR 1,2 milliardar x befolkning (industrialiserte, framveksande og utviklingsland) / 80 millionar personar x faktor).

1. Industrialiserte

   land: 30,00   milliardar euro

2. Framveksande

   land: 24,00   milliardar euro

3. Utviklings-

   land: 2,25   milliardar euro

   Total: **56,25   milliardar euro**

9. Konklusjon

Den illustrerte koplingsportalen for eigedomar har store fordeler for dei som søkjer etter eigedomar (interesserte) og for eigedomsmeklarar.

1. Tida som går med til å søkje etter passande eigenskapar er monaleg redusert for interesserte fordi dei berre må lage søkjeprofilen sin ein gong.

2. Eigedomsmeklaren får ei total oversikt over talet på potensielle kjøparar eller leigetakarar, inkludert informasjon om dei spesifikke behova dei har (søkjeprofil).

3. Den interesserte får berre eigedomar som er ønska eller tilsvarande (basert på søkjeprofilen) frå alle eigedomsmeklarar (mykje som eit automatisk førehandsutvalg).

4. Eigedomsmeklarar reduserer innsatsen sin for å halde sin eigedatabase av

søkjeprofilar fordi mange gjeldande søkjeprofilar er permanent tilgjengeleg.

5. Sidan berre kommersielle leverandørar/eigedomsmeklarar er kopla til koplingsportalen for eigedomar, kan potensielle kjøparar eller leigetakarar jobbe med erfarne eigedomsmeklarar.

6. Eigedomsmeklarar kan redusere talet på visningsavtalar og den totale marknadsføringsperioden. På den andre sida vert talet på visningsavtalar for potensielle kjøparar eller leigetakarar redusert så vel som tidspunktet for ein avslutta kjøpekontrakt eller lease.

7. Eigarane av eigedomane som skal seljast eller leigde ut sparer òg tid. Det er òg økonomiske fordeler, med mindre ledig tid for eigedomar som vert leigde ut og tidleg betaling for eigedomar som vert selde som resultat av raskare utleie eller sal.

Ved å implementere dette konseptet i eigedomskopling, kan stor framgang oppnåast i eigedomsmekling.

10. Integrasjon av koplingsportalen for eigedomar med ny programvare for eigedomsmeklarer, med inkludert eigedomsvurdering

Som ein siste kommentar, kan koplingsportalen for eigedomar som vert beskrive her vere ein stor komponent av ein ny —ideelt sett globalt tilgjengeleg —programvareløysing for eigedomsmeklarar heilt frå starten. Dette tyder at eigedomsmeklarar kan enten bruke koplingsportalen for eigedomar i tillegg til eksisterande programvareløysinger i eigedomsmeklarbransjen, eller helst bruke den nye programvareløysinga for eigedomsmeklarar inkludert koplingsportalen for eigedomar.

Ved å integrere denne effektive og nyskapande koplingsportalen for eigedomar inn i ein ny eigedomsmeklarprogramvare, vert det skapt eit fundamentalt unikt salsargument for eigedomsmeklarprogramvaren som vil vere avgjerande for å trengje inn i marknaden.

Sidan eigedomsvurdering er og fortsatt vil vere ein viktig komponent i eigedomsmekling, må eigedomsmeklingsprogrammer ha eit integrert verktøy for eigedomsvurdering. Eigedomsmeklarbransjen sin vurdering med tilsvarande berekningsmetodar kan få tilgang til relevante dataparameterar frå eigedomsmeklarfirmaet sine registrerte/lagra eigenskapar. Eigedomsmeklaren kan òg kompensere for manglande parameter med sin eigen regionale marknadsekspertise.

Vidare må programvara til eigedomsmeklarbransjen gjere det mogleg å integrere virtuelle eigedomsturar på eigedomar. Dette kan enkelt verte implementert ved å utvikle ein ekstra app for mobiltelefonar og/eller nettbrett som kan ta opp og deretter integrere eller ta inn den virtuelle eigedomsturen –i stor grad automatisk –i programvara til eigedomsmeklaren

.

Om den effektive og nyskapande koplingsportalen for eigedomar vert lagt inn i ei ny eigedomsmeklarprogramvare saman med eigedomstaksering, vert mogleg salspotensial igjen økt betrakteleg.

Matthias Fiedler

Korschenbroich, 31.10.2016

Matthias Fiedler

Erika-von-Brockdorff-Str. 19

41352 Korschenbroich

Tyskland

www.matthiasfiedler.net